Cat. d Myon 15565.

EMBLEMES
OV
PRECEPTES
MORAVX.

Tirez des escrits de feu Gilles Corrozet,
non encore imprimez.

A Monseigneur le DAVPHIN.

A PARIS,

Chez IHAN CORROZET, au Palais, sur
le Perron de la Saincte Chappelle.

M. DC. XLI.

Auec Priuilege du Roy.

A
MONSEIGNEVR
LE DAVFIN.

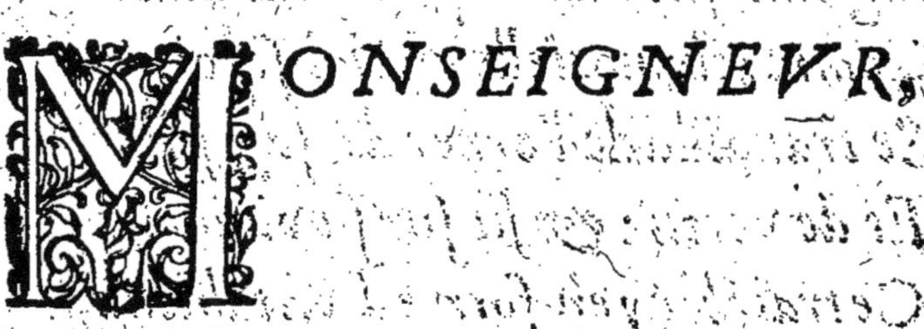

MONSEIGNEVR,

Les anciens amateurs de science,
Pour paruenir au bien de sapience
Auquel estoient par lesprit incitez,
Ont delaissé leurs pays et citez,
Parens, amys, meubles, possessions,
En voyageant aux autres nations
Tant fussent loing, à celle fin d'apprendre
Philosophie et ses effects comprendre.

A ij

4

En quoy ils ont trauaillé longuement,
Puis ont trouué que vertu seulement
Estoit le but de tout art & sçauoir,
Et que pour viure il la falloit auoir,
En estimant que par elle on paruient
A ce haut but dont tout autre bien vient.
	Or entre iceux le sage homme Cebes,
Vray auditeur du prudent Socrates,
Iugeant que l'ame apres l'humaine vie,
Comme immortelle au ciel seroit rauie:
Se trauailla de l'orner de sagesse
Et de vertu : & fit sur sa vieillesse
Ce traicté cy en forme d'vn tableau,
A celle fin qu'on le trouuast plus beau:
Et que le peuple apprist plus aisément
(Laissant peché) de viure sagement.
Ainsi l'on void plusieurs tableaux dorez,
Dont les Palais sont tres bien decorez,
Pour les couleurs dont ils sont reuestus:
Mais cestuy cy tout remply de vertus,
De saincts propos & bon enseignement,

De noſtre eſprit doit eſtre l'ornement :
L'ayant touſiours deuant noſtre preſence,
Pour contempler & y prendre plaiſance
En ſçachant gré à l'autheur qui le fit,
Premier pour luy, puis pour noſtre profit.

Plus que moins.

A LA LOVANGE DE
CE LIVRE.

CE petit Liure cy-deuant
S'en voulut vn iour enuoler,
Ie luy mis la main au deuant
Luy disant, où veux-tu aller?
C'est folie de te mettre en l'air,
N'ayant personne à cette fin,
Il me respond que son parler
Seroit receu chez le Dauphin.

EMBLEMES,
OV
PRECEPTES
MORAVX.

Science acquise en deux manieres.

Oute science & doctrine no-
table
Est par la langue ou par le li-
ure acquise,
Celle de langue est bonne & profitable:
Celle du liure en grand labeur est quise.
Or de sçauoir laquelle est plus exquise
Pour tousiours estre, & que iamais ne
meure,
Celle du liure est beaucoup plus requise,
La langue meurt, & le liure demeure.

Ne renouueller les haines.

Nous ne deuons ramenteuoir
L'iniure qui est oubliee,
Euitant à nostre pouuoir
Que iamais ne soit publiee :
Car il en vient guerre & meslee
Qui fait l'honneur & corps perir.
Vieille. playe renouuellee
Est trop difficile à guerir.

Concorde entre les amis.

On voit à l'œil prosperer vn lignage
Quand les parés en amour se maintiénent,
Tousiours s'accroist l'honneur de mariage
Alors qu'en paix les mariez se tiennent,
Freres & sœurs qui de noises s'abstiennent
Eux & les hoirs viuront honnestement :
Si les chainons sont ioints & s'entretien-
nent
La chaine est bonne & dure longuement.

N'entreprendre trop d'affaires
à la fois.

L'homme tres aspre en son affection
Qui à la fois trop d'affaires assemble,
Sans iugement & sans discretion
Entreprenant tout ce que bon luy semble:
Sçauez vous bien à qui c'est qu'il ressem-
    ble,
A vn chasseur mal rusé, non sçauant,
Qui en chassant à deux lievres ensemble,
N'en prend que l'vn, & point le plus
    souuent.

Des inconstants.

L'homme vagant qui ne fait que courir
Aller, venir, en pays estrangers:
Celuy qui veut tous mestiers acquerir,
Et y vacquer nonobstant les dangers:
Gens si soudains, volages & legers
Perdent leur bien, leur force se ruine.
L'arbre planté dedans plusieurs vergers
Et replanté ne peut prendre racine.

Le Prince.

Ainsi qu'au chef sont yeux, oreilles, bou-
che,
Pour regarder, pour ouyr, & parler:
Ainsi le chef & prince sans reprouche
D'vn œil prudent doit sur les siens veiller:
De les cognoistre il se doit trauail,
Ouir leurs plaids, & puis dõner sentence:
Mais quand le chef ne se peut conseiller,
Les membres lors tombent en decadence.

S'enrichir par autruy.

Celuy qui veut des seigneurs estre en gra-
ce
Pour acquerir richesse à quantité,
Il faut qu'il soit tousiours deuãt leur face,
Taschant en tout faire à leur volonté:
C'est le droict but pour nuire à pauureté
Que de complaire aux Grands en temps
& lieu.
Le bon ioüeur duquel s'est arresté
Le coup sur but, gaigne l'argent du ieu.

Ne iuger selon la face.

Il ne faut pas iuger par le dehors,
Selon l'habit ny selon le visage,
Car la bonté ne procede du corps,
Et ne s'acquiert par richesse ou lignage :
Elle consiste au vertueux courage,
Là se cognoist la grace de nature.
On ne dit pas ce liure q̃ beau langage
Pour seulement en voir la couuerture.

Ne croire du tout à soy.

Communement l'homme faueur se porte,
Laissant le bien, choisissant le dommage,
Par mal iuger, l'opinion si forte
Tourne souuent à son desauantage :
Il vaudroit mieux que croire son courage,
Se conseiller au prudent & au fin.
Le medecin malade tant soit sage
Prend bien conseil d'vn autre medecin.

La paix en mariage.

Viriplica estoit deesse à Rome
Le temps passé dans vn temple adorée,
S'il suruenoit noise entre femme & hôme
L'offense estoit en ce lieu reparee,
Et la fureur de l'homme retiree,
La femme aussi laissoit son amertume:
Or pleust à Dieu qu'en France l'honnoree
Vn temple y eust suiuant cette coustume.

Ne retourner à peché.

Il siet tresmal à vn homme repris
D'aucum mal fait, d'y retourner apres,
En reiettant le conseil par luy pris
Alors qu'on a parlé à luy de pres:
Celuy qui s'est chastié par expres
Et puis retourne à fol gouuernement,
Fait comme vn chien qui a vomy de frais,
Puis va manger son ord vomissement.

Ne se fier en sa force.

Quand tu prēdras à autruy quelque noise
Il ne te faut en ta force fier,
Vn doux parler, vne langue courtoise,
Vaut beaucoup mieux qu'vn courage tant
Penses donc bien sans trop te confier, (fier:
Que l'ennemy s'il faut qu'il se courrouce
Peut bien ta force abattre & défier,
Vn clou tres dur par vn clou se repousse.

Le banquet.

Le beau banquet est fait de quatre choses
De lieux plaisans, & de gens tres ioyeux,
Aux cœurs desquels noises ne sont enclo-
ses,
Mais sont à table amys solacieux :
Pour celebrer le conuiue bien mieux,
Temps opportuns y doiuent estre requis,
Puis les bons mets & vins delicieux,
C'est l'appareil d'vn banquet bien exquis.

Remors de conscience.

S'il auenoit ou s'il se pouuoit faire,
Qu'vn ver piquant le cœur d'hôme viuât,
Bien tost verriez sa grãd' beauté défaire,
Son teint pâlir, mettre peur en auant :
Or auons nous vn ver qui bien souuent
Mord, pique & poind l'humaine con-
science,
C'est le remors, dont peché va deuant,
Qu'il faut fuïr par vraye sapience.

Contre les noisifs.

Regardez bien vn étourdy volage,
Qui suit les coups & leurs choses pareilles,
Il a tousiours quelque marque au visage,
Les yeux pochez, ou des plaïes merueilles,
S'il est blessé ce n'est pas de merueilles,
Car il dessert ce qu'il a desiré
Le chien hargneux si peu qu'il a d'oreilles
Des autres chiens tousiours est deßiré.

De l'Escriture saincte.

Il n'appartient indifferentement
A tout chacun voir la saincte Escriture,
Sinon aux bons, parfaits d'entendement,
Suiuants l'Eglise & sa doctrine pure :
Car il en vient scandaleuse aduenture
De la bailler à gens trop curieux.
Cousteau trenchant fait tres griefue bles-
    sure
Entre les mains de l'homme furieux.

Preuoir les dangers.

Toy qui voudras porter en patience
Les maux futurs, ayes la cure & soin
De voir la fin : c'est la vraye science
Pour acquerir le remede au besoin :
Tu ne tiens pas la fortune en ton poing,
Mais par preuoir du remede on essaye :
Car quand on voit la fleche de bien loin
Venir vers soy, elle fait moindre playe.

Liesse iointe à tristesse.

L'homme s'estime & pense tres heureux
Quand il se sent viure bien à son aise,
Sans nul soucy, sans estre douloureux,
Et sans trouuer chose qui luy desplaise :
Et toutesfois tristesse n'est mauuaise,
Qui le plaisir tempere, par coustume,
Qui veut manger saulse qui au goust
   plaise,
Auec le doux il met de l'amertume.

Verité.

La verité doit estre peinte nuë,
D'aucun habit non couuerte ne ceinte,
Afin qu'à tous elle soit mieux cognuë,
Et qu'on la voye à l'œil sans nulle
   feinte :
Il est bien vray que c'est vertu tressaincte
Et qu'il n'y a chose plus qu'elle forte,
Mais d'vn cousteau (en ostant toute
   crainte)
Coupe la gorge à celuy qui la porte.

Prendre

Prendre tout en gré.

Faire nous faut comme les inuitez
A vn banquet, qui sont assis à table,
De tous les mets qui leur sont presentez
Chacun leur est plaisant & agreable :
Or sommes nous au monde variable
Pour receuoir ce que Dieu nous enuoye,
Soit infortune ou chose profitable,
Il nous le faut prendre à gré & en ioye.

Longue tristesse, courte ioye.

Tout le trauail que le corps peut souffrir
Il se peut bien en vn iour raconter,
Mais le trauail qui vient au cœur s'offrir,
En cinquante ans ne se peut reciter :
Le doux repos qui nous fait contenter
Soit ou dedans ou dehors, brief se treuue:
Plaisirs voyons à nos yeux presenter,
Mais les trauaux nous sentons à l'épreu-
ue.

Du gouuernement de la maison.

Quand vn bon pere aßiſte en ſa maiſon,
Et la gouuerne en prudence & ſageſſe,
Tout en fait mieux & ſe fait par raiſon,
Et la famille à bien faire s'adreſſe,
Le bien s'acroiſt, l'heritage & richeſſe,
Voila de quoy eſt cauſe la preſence.
Le bon cheual ſe nourriſt & s'engreſſe,
De l'œil ſoigneux du maiſtre qui le penſe.

De la patience des Dieux.

Pour demonſtrer les Dieux bien patiens,
Puniſſant tard l'iniquité humaine,
Venans ſans bruit, certes les anciens
Les ont décrits auoir les pieds de laine:
Combien qu'en eux iuſtice ne ſoit vaine,
Toutesfois ſont patiens à punir:
Mais leur venuë eſt bien ſi incertaine,
Qu'on les ſent mieux qu'on ne les oit ve-
nir.

Aux meres.

C'eſt tres grand honte aux Dames de
    ietter
Hors d'auec ſoy leur propre geniture,
Et la bailler aux autres allaitter,
C'eſt contre droiƈt, contre propre nature:
La mere doit nourrir la creature
Que Dieu luy a donnée auec le laiƈt:
Qui les ſiens laiſſe, & donne nourriture
Aux eſtrangers, on trouue cela laid.

Du feu d'Amour.

Si vous voulez la grand'chaleur eſteindre
Du feu d'Amour, n'y mettez point de
    bois,
L'embrazement de luy eſt moult à craindre,
Il bruſle vn corps iuſques au bout des
    doigts:
Beauté d'eſprit, du corps, & de la voix,
Produit le feu de folles amourettes:
Voir & parler, baiſer ſouuentefois,
Sont de ce feu les chaudes allumettes.

De l'homme querelleux.

A bien grand' peine vn homme doux sera
Auec autruy, qui n'est en soy paisible :
A bien grand' peine vn homme paix aura
Aux estrangers, qui est chez soy terrible :
Comme il seroit quasi chose impossible
De voir en paix conuerser les meschans :
Qui en l'hostel porte vn baston nuisible
Il n'ira pas sans son espée aux champs.

La vraye felicité.

Chercher ne faut vraye felicité
Autour du corps, au manger & au boire,
Ny en luxure & en charnalité,
Ny en honneur, en richesse ny en gloire,
Ny en sçauoir d'escriture ou memoire :
Vertu là haut nous fait preparer lieu,
Où nous aurons apres mort transitoire
Felicité par vision de Dieu.

Prendre ébat ou soucy selon la necessité.

Quand il nous vient chagrin, deüil, &
    soucy,
Ou passe-temps, plaisir, ioyeuseté,
Nous les deuons prendre & auoir ainsi
Qu'habit d'hyuer & vestement d'esté :
Ce que durant l'hyuer auons porté
Nous le changeons en la chaude saison,
Prenons, laissons douleur & volupté,
Selon le temps, le lieu & la raison.

L'homme sçauant.

L'homme meslé, sçauant & bien appris,
Qui plusieurs arts & sciences embrasse,
Tenu doit estre en grand honneur & prix,
Quand son sçauoir par mesure il com-
    passe,
Qui tant de biens en son esprit amasse
Il est loüé pour ses grandes valeurs,
Le beau bouquet est de tres bonne grace.
Quand il y a diuersité de fleurs.

Douleur & volupté.

Au monde estoient douleur & volupté
Tousiours en noise, en discord, & en
    guerre,
Leur debat vint iusqu'à la maiesté
De Iupiter, qui veut du faict enquerre:
Leurs testes print, leurs cheueux mesle &
    serre
L'vn parmy l'autre, & tãt s'entrelasserẽt
Que Volupté & douleur sur la terre
Ensemble sont, depuis ne se laisserent.

Peril inopiné.

Il n'y a rien asseuré en ce monde
Que la fortune au trebuchet n'attrape,
Vertu s'enfuit, peché cy bas abonde,
Prompt accidẽt tousiours mutile & frape:
Quand l'homme pense estre aise comme
    vn Pape,
Le mal suruient aucunes fois la mort,
Souuent la nef les grands dangers eschape
En pleine mer, & vient perir au port.

Mauuais regard est à éuiter.

Il ne se faut ébahir si le cœur
Par le venin qui procede des yeux,
Du mal d'amour demeure en la langueur,
Quand il reçoit le regard vicieux :
Si l'œil est bon le regard en vaut mieux,
S'il est mauuais il s'en faut donner garde,
Car l'œil infect, malade & chassieux
Son mal enuoye à l'œil qui le regarde.

Contre les luxurieux.

On dit que Mars & sa Dame Venus,
Furent des Dieux trouuez soubs la cour-
   tine,
Corps contre corps entrembrassez tous
   nuds,
Dont se mocqua cette troupe diuine :
L'homme subiet à la chair feminine
Outre son droict, & vne femme aussi,
Qui au peché de luxure est encline,
Ont merité d'estre mocquez ainsi.

B iij

Contre les babillars.

L'homme prudent parle peu & se taist,
S'il parle c'est par pensee discrette :
Mais l'ignorant à parler se complaist,
Et n'a iamais la langue assez secrette,
Tousiours babille & sans cesse caquette,
Rompt le silence & ne fait point de fruict :
La pire rouë estant à la charrette
C'est celle là qui fait le plus grand bruit.

La vie des hommes.

Auez-vous veu quand il fait grosse pluye
En vn ruisseau, sourdre soudainement
Des boufes d'eau, dont chacune est rem-
    plie
Ou plus ou moins, de vent tant seule-
    ment ?
L'vne prend fin, & l'autre accroissement,
L'autre est enflée aussi gros que trois
    pommes,
Neantmoins tout finit egalement :
Ainsi est il de la vie des hommes.

De ce mesmes.

Ainsi est il de la vie des hommes,
Comme de l'arbre & des feuilles aussi,
L'arbre planté c'est la terre où nous som-
  mes,
Comme la feuille, & l'homme tout ainsi,
Les feuilles sont du vent à la mercy,
Tomber les fait, & seiche leur verdure:
Ieunes & vieux apres ioye & soucy,
Seront de mort conduicts en sepulture.

Le vertueux.

Tout homme feint qui masque son visage,
Il tend à fin de n'estre point cogneu,
L'homme de bien ne cherche cet vsage,
Ains monstre à tous son visage tout nud,
Or qui veut estre au nombre retenu
Des vertueux, & tel veut apparoistre,
Tel soit dedans qu'il est dehors tenu,
Lors il sera plus aisé à cognoistre.

La metamorphose d'Ignorance.

Iadis Medée vsant de l'art magique
Rajeuniſſoit les hommes deſia vieux,
Par ſes poiſons & par ſort veneſique
Les faiſoit beaux, ieunes & gracieux :
Mais maintenant en ces terreſtres lieux
Vne ſorciere appellee Ignorance,
Nous fait enfans ieunes & vicieux,
Sans nous chãger faiſans actes d'enfance.

De la felicité humaine.

C'eſt belle choſe d'eſtre riche,
Et plus belle d'auoir ſanté :
Mais quand l'ame n'eſt point en friche
Et produit les fruicts de bonté,
C'eſt tres belle felicité,
A tous viuans tres opportune :
Ayant ces trois biens à planté
Du corps, de l'ame, & de fortune.

Le riche & le pauure.

Celuy qui a riche commencement
De plus en plus, amaſſe & acumule,
Mais l'indigent qui n'a aduancement,
Quand il eſt preſt de ſauter, il recule,
Le bien du riche s'augmente & ſe pullule,
Diſette met touſiours le pauure à val.
L'homme de pied qui n'a aſne ne mule
Ne va ſi toſt que l'homme de cheual.

Des ſeruiteurs.

Iſocrates des ſeruiteurs parlant,
Vn mors de bride en vne main tenoit,
Pour retarder le trop haſtif allant,
Qui faiſoit plus qu'on ne luy apprenoit:
Des eſperons l'autre main contenoit,
Pour émouuoir le laſche & negligent:
Ainſi le lent aux eſperons menoit,
Et par le frain tardoit le diligent.

De soudain mal, tardif le remede.

A l'impourueu, & sãs que l'on s'en doute
On void venir & arriuer le mal,
Qui hors du lieu de nostre bien nous boute
Et sans espoir il nous reiette à val :
Nous desirons pour vn bien principal
(Qui trop tard vient) que nostre mal se
fine :
Ainsi le mal court la poste à cheual,
Et le remede à pied tout beau chemine.

Douce correction.

L'homme obstiné doit estre corrigé
Par doux propos & persuasion,
S'il a courroux il le doit allegé
Par quelques mots de consolation,
Non par iniure ou rude affection,
Mais mitiguer l'ire au courage iointe.
L'espée on prend (qui fait occision)
Par le pommeau, & non pas par la pointe.

De ne parler tous ensemble.

Il est bien vray qu'vn accord de musique
Pour estre bon de plusieurs voix se fait,
Mais le parler soit priué ou publique
D'vne voix seule est complet & parfait:
Qui veut ouir bien reciter vn faict,
Il se faut taire, oyant ce que bon semble,
Car raison veut, pour monstrer son effect,
Parler vn seul, & chanter tous ensemble.

A la louange de Silence.

Pour demonstrer à tous que pour se taire
La personne est prisée & estimée,
Les vieux Romains iadis firēt pourtraire
Vne Deesse, Angerona nommée,
Qui d'vne clef la bouche auoit fermée:
Cette statue auoient en reuerence,
Ainsi chacun, aimant sa renommée,
Fuit trop parler, & aime le silence.

Du bon œuure.

Tout œuure bon au iugement des yeux
Est beau à voir, & reputé merite,
Et tel est il, quand le Seigneur des cieux
L'a accepté & prins pour chois d'élite:
Mais autrement si orgueil y habite,
L'acte si bon sera dedans gasté.
Le plaisant fruict iamais bien ne profite,
Quand mauuais vent au cœur l'a infecté.

Contre les paresseux.

Oste de toy paresse & negligence,
Fay ton labeur en prompte diligence,
A celle fin d'euiter pauureté:
Voy la fourmis qui durant tout l'esté
Les grains assemble & fait sa garnison,
Afin de viure en l'arriere saison:
S'ainsi le fais par ton labeur & peine,
Tes biens viendront comme eau à la fon-
taine.

Acquerir richesses sans fraude.

Tu dois aussi acquerir tes richesses
Bien iustement, sans fraudes ny finesses,
A iuste poids & à vraye mesure,
Sans y chercher interest ou vsure,
Car tels moyens pleins de deception
Sont enuers Dieu abomination.
Biens mal acquis au iour de la vengeance
Condamneront l'iniuste conscience.

Que nous deuons tousiours faire de bonnes œuures.

Employe toy à faire œuures honnestes,
Fuy les pechez & actes deshonnestes,
Sçachez que Dieu à chacun des humains,
Fera selon les œuures de leurs mains.
Si on t'appelle à porter témoignage,
Dy verité sans farder ton langage,
Ne trompe autruy : qui veut autruy
    tromper,
Par tromperie il se voit attraper.

Viure en estat moyen.

Il te vaut mieux te contenter de peu,
Auec l'amour & la crainte de Dieu,
Que posseder thresors insatiables,
Qui font souuent les hommes miserables:
N'affecte point morceaux voluptueux,
Ny les banquets amples & somptueux,
Mieux vaut manger d'vn seul mets bien
   petit
Auec plaisir & ioyeux appetit.

Contre le peché d'enuie.

D'estre enuieux d'autruy garde toy bien,
Ne sois marry s'il luy vient quelque bien,
Ne sois ioyeux de sa perte & dommage,
Car il est fait comme toy à l'image
Du Createur, puissant & infiny,
Lequel iamais ne delaisse impuny
L'homme malin, qui prend en soy liesse
Quand son prochain souffre perte &
   tristesse.

Ne faire

Ne faire chose indigne defoy.

Garde toy bien de faire oppreßion
Par long procez ou autre affliction,
A l'homme pauure, afin de profiter,
En ta richeße & la faire augmenter?
Car qui fera au pauure calomnie,
Pour en auoir fa maifon bien garnie,
Vn plus que luy riche le deftruira,
Et à la fin tel homme appauurira.

Fidelité entre amis.

A ton amy fois loyal & fidele,
Et fes fecrets à autruy ne reuele,
Sois liberal enuers tes ennemis
Tout außi bien qu'à l'endroict des amis,
Ne leurs fois rudes, terribles & odieux,
Mais à chacun mifericordieux,
Car fe voyans apprins & enfeignez,
Par ce feul poinct tu les auras gaignez.

C

Sobrieté requise en l'homme.

En ton manger fois fage & temperé,
Et que ton boire foit auffi moderé,
Le vin eft bon, mais pris outre mefure,
Enyure l'homme & l'émeut à luxure.
Vn poinct y a, quiconque fait grand chere,
La pauureté le va fuiuant derriere,
Et qui le vin & la tauerne fuit,
Hors d'auec luy la richeffe s'enfuit.

Sur le mefme fujet.

Apprend combien & quelles chofes porte
Auecques foy fobre boire & manger,
En premier lieu ta fanté eft plus forte,
Car tant de mets variables changer
A l'homme nuit & le met en danger:
Prendre rofty & boüilly tout enfemble,
Chair & poiffon cela bon ne me femble,
Tout eftomach en eft debilité,
Corps trop nourry bien toft vieillit &
    tremble,
Bleffe l'efprit & la fubtilité.

Le trop manger conduit l'homme à la mort.

Quand le Corbeau engloutit le Serpent,
Au goust luy semble vn sucre ou venai-
son,
Mais puis apres grandement s'en repent,
Car le bon goust tost se tourne en poison
Il faut manger & boire par raison,
Et se garder de suffoquer nature,
Car qui boit trop & mange sans mesure
Va de sa fin tousiours en approchant,
La bouche fait plus de déconfiture,
Que ne fait Mars de son glaiue trenchant.

Les ieunes gens n'ont soin de
l'aduenir.

Les ieunes gens tandis qu'ils sont au
monde
Ne pensent ailleurs qu'à bien passer leurs
temps.
Ils sont tousiours muables comme l'onde,
Monstrans qu'ils ont leurs vouloirs in-
constans,
Iamais ne sont de trauailler contents,
Sinon alors qu'ils en ont le desir,
Leurs voluptez tournent à desplaisirs,
Perte de temps trop grande s'en ensuit,
Ieunesse passe à tous mondains plaisirs,
Sans aduiser que vieillesse la suit.

Au monde n'est rien plus cher que le temps.

❧

Aduise bien que le temps ne t'eschape,
Il a bonne aile & vole agilement,
L'homme rusé subitement l'attrape,
Et ne le laisse eschaper sottement,
Donc employer le faut honnestement,
Car s'il s'enfuit, l'atteindre est impossible,
Et croy aussi, qu'il ne t'es pas loisible,
Le consumer en faisant grande chere,
Si tu le perds ne te sera possible
De recouurer vne chose si chere.

Du jeu procede pauureté.

Quand l'homme fol à iouer se hazarde,
Il ne voit pas le mal qu'en peut venir,
Main liberale au jeu qui ne prend garde,
En pauureté fait l'homme deuenir,
Lier la faut pour mieux la retenir,
Et conseruer le bien en bons vsages,
Le jeu met l'home en perilleux naufrages,
Et bien souuent en mortel desespoir,
Les grands malheurs & dangereux pas-
sage,
Que l'on en voit nous seruent de miroir.

Qui est ingrat est sans raison.

L'arbre souftient le lierre en ieuneſſe,
Et l'entretient touſiours par ſon ſupport,
Mais le lierre eſtant creu l'arbre preſſe,
Et ſi l'eſtraint par liaiſon ſi fort,
Qu'en peu de temps il le rend ſec & mort.
Vn homme ingrat touſiours auſſi méfait
A celuy-là qui du bien luy a fait.
Ingratitude eſt ainſi ſans raiſon,
Le Lionneau enfin celuy défait,
Qui le nourrit & tient en ſa maiſon.

N'inciter point le meschant à mal faire.

Qui donne vin à vn febricitant,
Il ne le fait qu'eschaufer d'auantage,
Le vin est chaud, & la fièvre excitant,
Au patient il porte grand dommage:
Semblablement celuy là n'est pas sage,
Qui donne aux fols dignitez & offices,
Car par ce don augmentent leurs malices,
Et tant plus sont en haute dignité,
Plus ont pouuoir de faire malefices,
Au detriment d'vne communauté.

Pour viure en tranquilité.

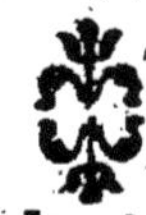

Le Dieu Ianus iadis à deux visages,
Nos anciens ont pourtrait & tracé,
Pour demõstrer que l'aduis des gens sages
Vise au futur aussi bien qu'au passé,
Tout temps doit estre en effect compassé,
Et du passé auoir la souuenance,
Pour au futur preuoir en prouidence,
Suiuant vertu en toute qualité:
Qui le fera verra par euidence,
Qu'il pourra viure en grand' tranquilité.

Vn chacun doit moderer son estat.

Pensez si c'est chose tres bien seante
A vn pourceau de porter vne bague,
Pensez si c'est chose bien conuenante
A vn enfant de porter vne dague,
A vn coquin, vouloir faire le graue,
A l'ignorant, contrefaire le sage,
A vn butor, traiter subtil ouurage,
A vn gros bœuf presenter des chapeaux,
Propre doit estre à chacun son partage,
La bague à l'homme, & le gland aux
    pourceaux.

Du grand labeur procede le doux fruict.

La Roze sort de l'espine piquante,
Combien que soit souueraine en valeur.
L'espine est aspre à douleur prouoquante,
La Roze est douce excellente en odeur.
Ceci demonstre à tout honneste cœur,
Qu'apres labeurs, souci, peines trauaux
Prins à l'estude auec dix mille maux,
Lesquels faut prendre en bonne patience,
Pour consumer & finir tels trauaux,
Vient le doux fruict qu'on appelle Sciece.

C'eſt grand abus de laiſſer ſon bon-heur.

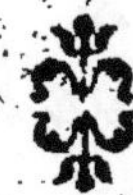

Qui prend le bond & laiſſe la volee
Ne fut iamais tenu pour bon ioueur,
Qui prend le mont & laiſſe la valee
Ne fut iamais tenu pour bon coureur:
C'eſt grand abus de laiſſer ſon bon-heur
Pour vn eſpoir de promeſſe incertaine,
Car meſpriſer vne choſe certaine
N'eſt pas le faict d'vn ſage entendement.
Folle entrepriſe & gloire trop hautaine
Fait tomber l'homme maintesfois lourde-
ment.

Experience corrige l'homme.

Pourquoy voit-on vn homme en sa ieu-
  nesse
Estre hazardeux & chaud plus qu'il ne
  faut,
Et l'homme d'aage affoibly de vieillesse
Est fort craintif & froid en tout assaut :
La raison est, que le ieune a defaut
D'experience, & pourtant il luy semble
Que qui le voit deuant luy faut qu'il
  tremble,
Tant qu'il se fie en son sens trop hastif :
Le vieil a veu tant de malheurs ensemble,
Que par raison il doit estre craintif.

Nous serons tous égaux en
la fin.

Le Roy d'eschets pendant que le ieu dure,
Sur ses subiets a grande preference,
Si l'on le matte il conuient qu'il endure
Que l'on le mette au sac sans difference.
Cecy nous fait notable demonstrance,
Qu'apres le jeu de vie transitoire,
Quand mort nous a mis en son repertoire,
Les Roys ne sont plus grands que leurs
    vassaux,
Car dans le sac, comme à tous est notoire,
Roys & pions en honneur sont egaux.

Des trois heritiers de l'homme.

L'homme mortel sujet à maints defauts,
Viuant brief temps, n'a ses plaisirs en-
    tiers,
La mort l'occit de sa cruelle faux,
Fuïr ne peut par voye ne sentiers:
Luy trespassé il a trois heritiers,
Qui de luy ont vraye succession;
Dieu prend l'esprit en sa possession,
Et pour les biens les parens se font guerre,
Le corps remply de putrefaction
Est ordonné pour les vers de la terre.

De ceux qui aiment mieux les biens que leur ame.

Plus que le corps est l'ame precieuse,
Le corps vaut mieux que tous terrestres
    biens,
La vie est plus requise & gracieuse,
Que tous tresors & amas terriens.
Et toutesfois aujourd'huy les Chrestiens
Par vn desir & conuoiteuse enuie
Ne sont iamais de richesses assouuie,
Soit pour garder ou pour en acquerir,
Estimant mieux ces biens cy que la vie,
Font pour iceux l'ame & le corps mourir.

De l'amour & crainte de Dieu.

Quiconque met deuant ses yeux la crainte
Du Seigneur Dieu, ne peut faire que bien,
Obeissant à sa loy sans contrainte,
Des biens du monde il ne luy manqu'ra
    rien.

On ne sçauroit iamais dire combien
La crainte vaut, dont l'amour prend naiſ-
    ſance,
Et telle crainte & amour ſont moyens
D'auoir de Dieu la vraye connoiſſance.

Faire bien & viure ioyeux.

Apres auoir veu tant de maux au monde,
De changemens & de varieté,
Où l'vn eſt pauure, & l'autre en biens
    abonde,
Viuant chacun en contrarieté.
En mon eſprit i'ay dit & arreſté,
Pour n'eſtre point l'ame en peine aſſeruie,
Qu'il nous conuient viure en ioyeuſeté,
Et faire bien tout le temps de la vie.

Petit & repos.

Quel plaisir prend l'homme de posseder
Diuers tresors & richesse amassee,
Ausquels on voit le chagrin succeder,
Qui rend si tost la personne passee,
Vne poignée en la main entassee
Auec repos, est plus à estimer,
Que pleines mains en tourment de pensee,
Et en labeur où l'y a tant d'amer.

Les morts plus heureux que les viuans.

En regardant diuerses compagnies,
Ie n'apperçoy que toute oppression,
Procez, discords, iniures, calomnies,
Et l'innocent mis à destruction,
Sans nul espoir de consolation;
Ie voy les vns aux autres estriuans:
Parquoy ie loue, en mon affection,
Les trespassez par dessus les viuans.

De l'homme content.

O bien heureux celuy qui boit & mange
De son gain propre, & vit chez soy
    ioyeux,
Voyant son bien qui s'augmente & se
    range
En sa maison & ne demande mieux,
Ains par trauail & art laborieux,
Contentement il trouue à l'abandon,
Et d'auoir plus il n'est point soucieux,
Il a de Dieu vn haut & noble don.

Dieu est Iuge des bons & des mauuais.

I'ay veu assise au siege de Iustice
Impieté auec iniquité,
I'ay veu faueur, tromperie, injustice,
Qui baillonnoient la bouche à Equité,
I'ay veu mensonge empescher Verité,
Lors en mon cœur me prins à dire ainsi,
Dieu iugera en sa seuerité
L'homme de bien & le meschant aussy.

Le signe pour cognoistre l'homme.

L'homme ressemble au pot de terre,
Fragile & de peu de duree,
Il ne faut qu'vn petit caterre,
Du corps est l'ame separée :
Le pot par raison auerée
S'épreuue au son qui en l'air vole,
Et l'homme, pour chose asseurée,
Se peut cognoistre à la parole.

En quel temps se cognoist l'amy.

Pour regarder choses visibles,
Et d'elles cognoissance auoir,
Tant les vtiles que nuisibles,
En plein midy il les faut voir :
Mais qui veut cognoistre & sçauoir
Quel est l'amy, s'il ayde ou nuit,
On ne le peut apperceuoir,
Si ce n'est en l'obscure nuict.

Similitude du Soleil & de la Lune à l'homme & à la femme.

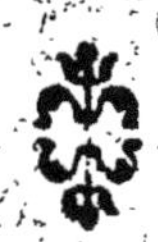

Tant plus est loin la Lune du Soleil,
Et plus voit-on d'icelle la lumiere,
S'elle s'approche, on apperçoit à l'œil
Y defaillir sa lueur coustumiere :
La femme doit viure en cette maniere,
Qui du mary reçoit toute puissance,
Car elle doit au temps de son absence
Luire bien clair, & bien clairement voir
Sur sa famille, & de faict y pouruoir
Si sagement, qu'elle n'en soit reprise,
Mais luy present, elle doit par deuoir
Luy donner lieu d'honneur & de mai-
    strise.

De la vraye chasteté.

Entre les biens dont la femme est douée
Selon vertu, chasteté tient le prix,
Bien qu'elle soit pour sa beauté louée,
Et que la grace ait lieu en elle pris,
Que son parler iamais ne soit repris,
Ains qu'elle soit discrete & elegante,
Qu'en son maintien elle ne soit arrogante,
Que tous ses sens monstrent honnesteté,
Bref qu'elle ait tout ce qu'à femme est
    duisante,
Cela n'est rien, s'elle n'a chasteté.

Au monde n'y a point d'asseurance.

On voit celuy trébuché tout au bas,
Qu'on auoit veu parauant haut monté,
Fortune prend ainsi tous ses ébats
D'vn orgueilleux en l'ayant surmonté.
L'homme ne doit auoir cœur arresté
Aux biens mondains, ne s'attrister aussy
Quand il les perd, sans grace ne mercy,
Veu mesmement qu'il ne se peut promet-
   tre
Viure demain, & demeurer icy,
Tout change bien quand Dieu le veut
   permettre.

De grands amis grands ennemis.

Si ton argent tu prestes à ton amy,
Quand ce viendra à le redemander
Tu trouueras qu'il est ton ennemy.
Qui ne veut plus ton amitié garder,
Il faut l'amy ou l'argent hazarder,
Faillir ne peut à perdre l'vn des deux,
L'homme loyal qui n'est point souffreteux
Rend volontiers: vn creancier aussy
Vers son debteur doit estre aussy piteux,
S'il n'a dequoy de luy faire mercy.

De vaincre ses passions.

Celuy se doit appeller vertueux
Qui sçait dompter ses propres passions,
Bataillant contre amour voluptueux,
Et n'obeyt à ses affections,
Celuy qui prend telles conditions
Dés son ieune aage, il a iugement droict,
Acte meschant accomplir ne voudroit,
Et de se vaincre il reçoit plus de gloire,
Que s'il auoit par vn chacun endroict
D'hommes armez emporté la victoire.

Belles sentences.

Pour viure bien la vie nous est donnee,
Non pour seruir au peche ny au vice,
L'ardeur du mal au cœur enracinée,
Soit de luxure, ou d'ire, ou d'auarice,
Doit estre esteinte, & toute autre malice;
Celuy est fort qui soy mesme surmonte,
La nuict, l'amour, le vin n'ont point de
   honte,
A modestie ils sont tousiours contraires,
Le vertueux en son parler se dompte,
Et l'ignorant iamais ne se peut taire.

D'vn presomptueux.

Vn seul portoit d'vn sainct la Chasse,
Et voyant chacun prosterné,
Il croyoit que pour luy se fasse :
Pensant desia tout gouuerner,
Sur ce on le vint blasonner,
En luy disant en cette sorte,
Ne laisse pas de cheminer,
Tu n'es pas sainct, mais tu le porte.

Euiter les dommages.

Pour euiter vn grand dommage,
Aucunesfois perdre conuient,
Le peril fait l'homme estre sage,
Dont il eschape & en reuient,
Le bon Chrestien aussi paruient
Au Ciel, quittant les biens du monde,
En tel salut tout bien abonde.

Trop parler nuit.

Quand vn ignorant ne dit mot,
Il est fait semblable au sçauant,
Mais quand il parle trop souuent,
Sans bien considerer deuant
Ce qu'il doit dire : il est vn sot.

AVTRE
MORALITE'
Par Quatrains.

Triomphe de la Verité.

LE temps s'en va *& toutes choses*
passent,
Le Ciel se change, *& les hommes tres-*
passent,
Tout prend sa fin, Mais seule Verité
Tousiours fleurit en immortalité.

Volupté trop grande ruine la santé.

Comme la fleur quand trop on la manie
De sa beauté se trouue dégarnie :
Ainsi le corps prenant trop de plaisir,
De sa santé s'apperçoit dessaisir.

Honorer Dieu en tout temps.

Qui en sa vie à Dieu ne fait honneur,
Quand la mort vient, ou quelque maladie,
Dieu l'abandonne, & point n'y remedie,
Pour bien ou mal faut louer le Seigneur.

Faut honorer son Prince.

C'est vn grand bien de viure en liberté,
Mais pl⁹ grãd biẽ de viure sous vn Prince
Qui sagement gouuerne sa Prouince,
Et ses subiets en commune vnité.

Hanter gens de bien.

Les meschans & les vagabons,
Gastent celuy-là qui les hante;
Mais qui conuerse auec les bons,
Ne peut mener vie meschante.

Ne se comparer à plus grand que soy.

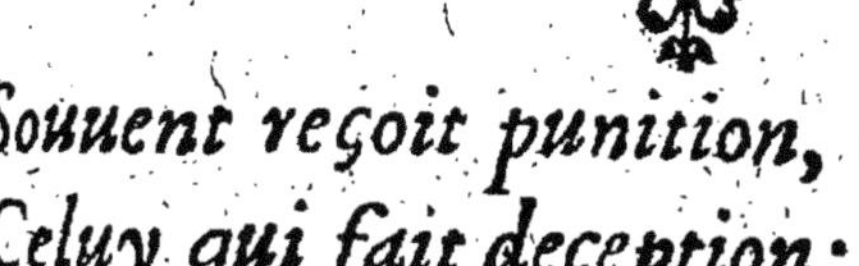

Tout homme qui s'exaltera,
A la fin humilié sera :
Mais celuy sera exalté,
Qui viura en humilité.

Qui pense mal, mal luy aduient.

Souuent reçoit punition,
Celuy qui fait deception :
Qui contre autruy quelque mal pense,
Il en reçoit la recompense.

Dieu ne peut estre deçeu.

A l'heure que nous pechons,
Des hommes nous nous cachons :
Mais tant soit secret le lieu,
N'y a rien de caché à Dieu.

Ne s'éleuer en orgueil.

Plusieurs sont qui se mécognoissent,
Se voyans en prosperité,
Mais s'ils tombent en aduersité,
Leur infirmité recognoissent.

Ne laisser son amy au besoin.

Ne sois pas amy à demy,
Il le faut estre entierement,
L'amour ne vaut rien autrement,
Au besoin on cognoist l'amy.

Contre dissimulation.

Celuy qui se monstre ennemy
De cœur, sans simuler & feindre,
N'est tant à euiter & craindre,
Que celuy qui est faux amy.

Ne faut

Ne faut tromper personne.

Qui fait la tromperie,
Tromperie luy aduient,
Et enfin il conuient
Qu'on s'en moque & s'en rie.

Sur le mesme sujet.

Vn homme qui trompe
Garde bien sa trompe,
Qu'il ne soit trompé,
Car celuy qui trompe,
Souuent de sa trompe
Se trouue trompé.

Demander à Dieu chose iuste.

Priere & requeste
A Dieu presentee,
S'elle n'est honneste,
N'est point acceptee.

E

Salaire de desloyauté.

Celuy qui en prosperité
Participe auecques les siens,
Doit aussi aprés tant de biens
Auoir part à l'aduersité.

Le loyer d'enuie.

La vie enuieuse
Est pernicieuse
A son propre autheur,
Qui en est inuenteur.

Estre cause de son mal.

Qui se met en subiection
D'autruy, en luy faisant seruice,
Souuent pour vn tel benefice
Il reçoit sa destruction.

Contre la superfluité.

Grande superfluité
Doit estre retranchee,
Car richesse cachée
Produit la pauureté.

A ce propos.

Prouision de saison
Dépendue par raison,
En tout temps & saison
Fait la riche maison.

En pauureté seureté.

Volontiers la richesse
Porte auec soy tristesse,
Mais seure pauureté
Porte ioyeuseté.

Sur l'ingratitude.

Il n'eſt rien plus mal employé,
Que de faire à l'ingrat du bien:
Quiconque l'aura eſſayé,
Vne autre fois s'en garde bien.

Ne faut rendre mal pour bien

Ne fais ainſi que la Couleuure,
Ne rend le mal pour le bien-faict:
Si on te fait quelque bon œuure,
Il doit eſtre auſſy ſatisfait.

Ne croire les flateurs.

Flateurs ſont touſiours bien venus
Vers ceux qui aiment leur louange:
Mais quand la fortune ſe change,
Ils ſont pour ennemis tenus.

Acquisition d'amis.

Il fait bon en ieunesse
Acquerir des amis :
Car quand vient la vieillesse
En mespris on est mis.

Les grands ont affaire des petits.

Si tu es grand, garde toy bien
De faire au petit desplaisir :
D'autant que tu ne sçais combien
Il te peut faire de plaisir.

N'estre corrompu par present.

Qui se laisse corrompre
Des dons de l'ennemy,
Est en danger de rompre
La foy vers son amy.

Contre ceux qui se vantent trop.

Celuy qui trop se vante & loue,
Et son faict ne vient à honneur,
On s'en rit, on s'en mocque, & ioue,
C'est le loyer d'vn blasonneur.

Contre fausse amitié.

Ceux qui sont loin de verité,
Qui pensent que l'amour soit bonne,
Quand l'amy à l'amy s'adonne
Seulement pour l'vtilité.

Folle opinion.

Les choses qui sont à fuir
Volontiers nous les appetons :
Et bien souuent nous reiettons
Ce qui est bon, pour en iouir.

Sur le mesme.

❧

Alors que nous pensons
Auoir felicité
Par contraires façons
Trouuons aduersité.

Ne prendre noise à aucun.

❧

Regarde bien deux fois comment
Tu commenceras quelque chose,
Qui pour autruy nuire s'expose,
Enfin reçoit son payement.

Se défier de son ennemy.

❧

Si tu fais paix à l'aduersaire,
Ta prudence ne soit trompée,
Ne luy baille pas ton espée,
Elle t'est tousiours necessaire.

E iiij

Estre sage à ses despens.

Vn homme qui a fait espreuue
De la certaine experience,
Croyez que plus sage il se treuue,
Et plus subtil en la science.

Contre les faux témoins.

Le commandement de la loy
Condamne tout faux témoignage :
Si le témoin n'a point de foy,
Garde toy de luy comme sage.

S'accompagner des bons.

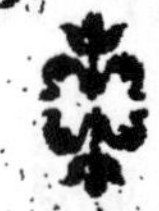

Hante les bons, bon tu seras,
Mais auecques l'homme peruers,
Ta bonté tu peruertiras,
Car ils font actes tout diuers.

Qui triche autruy il se deçoit.

Qui tâche son prochain deceuoir,
Soit par fraude ou par menterie,
On le voit enfin receuoir
Le loyer de sa tromperie.

Le conseil merite la peine du faict.

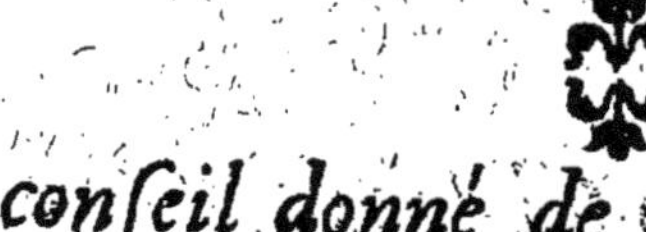

Le conseil donné de mal faire
N'a moindre peine merité,
Que le mal fait de l'aduersaire,
Car ils sont d'vne qualité.

Recognoistre le bien-faict.

Nous deuons estre diligens
A recognoistre les bien-faicts
Qui par nos amis nous sont faicts,

Ne s'estimer heureux selon le monde.

Les grands & riches ne sont pas
Si heureux qu'à chacun il semble,
Le pauure qui petit assemble
Prend plus gayement son repas.
Ne se laisser deceuoir soubs l'ombre
d'vn bien-faict.

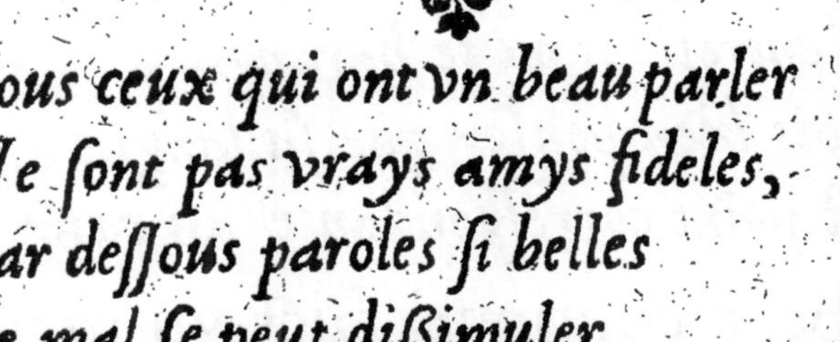

Tous ceux qui ont vn beau parler
Ne sont pas vrays amys fideles,
Car dessous paroles si belles
Le mal se peut dissimuler.
Regarder la fin de son œuure.

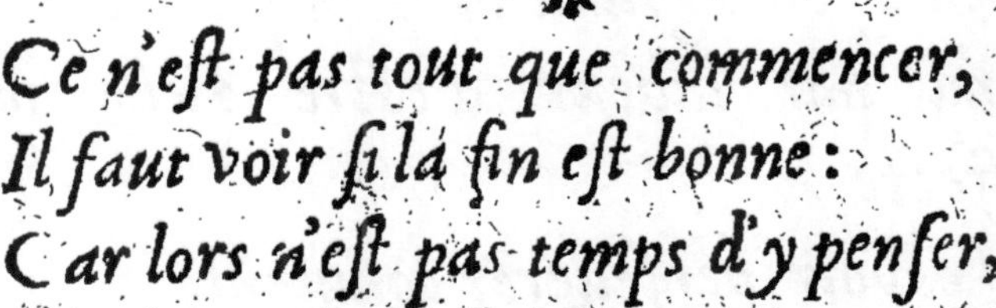

Ce n'est pas tout que commencer,
Il faut voir si la fin est bonne :
Car lors n'est pas temps d'y penser,
L'œuure par la fin se couronne.

Se tenir à ce qu'on a.

Qui laisse aller ce qu'il tient en ses mains,
Enesperāt auoir meilleure chose,
Maintesfois perd, & treuue beaucoup
    moins,
Telle esperance est de son fruict forclose.
Il faut estre semblable en parolles,
    qu'en mœurs.

Vn homme traistre ou vn trompeur,
S'il t'entretient ou te harangue,
Tu dois bien pēser que sa langue
N'est point correspondante au cœur.
Labeur continuel faict vn grand
    thresor.

De peu à peu à grand bien on paruient
Quand par labeur d'estre riche on
    affecte
Auec espoir perseuerer conuient,
Pierre sur pierre est vne maison faicte.

Le vray signe pour cognoistre l'homme.

❦

L'homme ressemble au pot de terre,
Fragile, & de peu de durée,
Il ne faut qu'vn petit caterre,
Du corps est l'ame separée :
Le pot par raison aueree,
S'espreuue au son qui en l'air vole,
Et l'homme pour chose asseurée
Se peut cognoistre à la parole.

De l'homme menteur.

❦

Qui s'accoustume de mentir,
Apres qu'il a baillé des bourdes,
On ne peut à luy consentir,
Mais on luy fait l'oreille sourde.

Se corriger le premier.

Tel voit dedans les yeux d'autruy
Vn festu, mais sans voir plus outre,
N'apperçoit vne grosse poultre,
Qui l'aueugle, il s'addresse à luy.

Contre les vanteurs.

Il appert bien qu'vn vãteur plein de gloire
Veut que ses faits à chacun soient notoire:
Mais à la fin il se trompe & deçoit
Si lourdement, que chacun l'apperçoit.

Sur le mesme suiet.

Qui cherche honneur par sa vantance,
Et il ne met rien à effect,
Il merite bien qu'on le tanse.
De grand' vantance peu d'effect

Plus par diligence que par force.

Par vn labeur beaucoup continué,
On trouue fin de ce qu'est entrepris :
Perseuerance obtient tousiours son pris,
Et n'est jamais de l'honneur desnué.

Contre les oysifs.

C'est vn monstre en chose publique
D'vn qui ne veut iamais rien faire,
Car il est à vertu contraire,
Laquelle à bien ouurer s'applique.

Sur le mesme sujet.

C'est grand folie quandquelqu'vn
Veut tant l'oisiueté ensuiure,
Sans rien faire en temps opportun :
Qu'il veut du labeur d'autruy viure.

Considerer le temps.

Ce qui n'est point fait en temps deu,
Ne peut trop longuement durer:
Le fruict espere est perdu,
Et puis apres faut endurer.

Contre les auaricieux.

L'homme est maintefois trop expert
En exerçant son auarice:
Dangereux est tel exercice:
Car tel pense gaigner qu'il perd.

Ne conuoiter choses incertaines.

Si tu t'arrestes à vne vmbre
Delaissant la chose certaine,
Ton esperance sera vaine,
Et souffriras grief encombre.

Perdre pour gaigner.

Pour sauuer la chose plus chere,
Il nous faut la moindre quitter,
De peur qu'on ne paye l'enchere,
Faut reculer pour mieux sauter.

Conclusion.

Ces beaux preceptes, amy, tu garderas,
Et en ta bouche, & au cœur les auras,
Les obseruant seras aimé du monde,
Et du Seigneur en qui tout bien abonde.

Fin des Preceptes.

AVTRES
OEVVRES
CHRESTIENNES DV
mesme Autheur.

PARAPHRASE, SVR
l'Euangile du S. Sacrement, pris
du 6. chapitre de S. Iean.

IESVS-CHRIST noſtre Dieu
par eternel edict,
Aux douze Apoſtres ſiens &
Diſciples a dit,
Aux Iuifs ſemblablement eſtant en trou-
pe grande,

F

Ma chair certainement est la vraye vian-
    de,
Et pour vn vray breuuage est mon sang
    precieux,
Que ie vous offre à tous pour airres des
    hauts cieux.
Or qui mange ma chair & boit mon sang
    demeure
En moy, & moy en luy, le gardant qu'il
    ne meure.
Tout ainsi qu'il a pleu à mon Pere viuant
M'enuoyer icy bas, ie suis venu suiuant
Sa saincte volonté ayant en luy ma vie,
De toute eternité auec la sienne vnie,
Quoy qu'engendré ie sois de sa Diuinité,
A luy pourtant ie suis égal en Deïté,
Ie suis le pain qui ay des cieux voulu des-
    cendre,
Que vos Peres au desert esperoient de le
    prendre,
Cette manne ont mangé, toutesfois ils
    sont morts,

Mais qui mange ce pain & veritable
  corps,
Et boit auſſy mon ſang d'vn cœur pur &
  fidele,
Sans fin touſiours viura d'vne vie eter-
  nelle.

Plus que moins.

LOVANGES DV SAINCT SACREMENT.

IL n'y a point de plus grand Sacrement
Que Ieſus Chriſt eſtant realement,
Soubs pain & vin offert en ſacrifice
A Dieu pour eſtre à nos pechez propice.

Par iceluy nous ſommes déueſtus
De nos pechez, & les ſainctes vertus
Sont dedans nous, en plus grande abon-
  dance,
En charité, en foy, & eſperance.

F ij

L'esprit conçoit les choses eternelles,
Les discernant d'auec les temporelles,
Par la vertu & immense efficace
De ce sainct Pain habitacle de grace.

Christ s'est offert vne fois en la croix,
Vif, mort, sanglant, criant à haute voix,
Et demandant pardon de nostre offense,
Dieu l'exauça pour sa grand' reuerence.

Et maintenant en l'Eglise de Dieu,
Il est offert sur l'autel en tout lieu,
Pour les viuans & pour les trespassez,
Et par son sang nous sommes exaucez.

Qui est l'esprit, lequel pourroit cõprendre
Vn si haut faict, & S' mystere apprẽdre
Où est la langue entre les mieux disans,
Pour le louer en termes suffisans.

O grand douceur, ô forte charité !
L'Agneau tout blanc, la Vie, & Verité,
Chemin du Ciel, la subſtance du Pere,
S'exhibe à nous, ſous ce ſacré myſtere.

Mais euſt il ſceu monſtrer plus ardĕment
Sa charité, ny plus parfaitement,
Qu'en ſe dõnant nous cõmandant par foy,
Faites cela en memoire de moy.

Conuerty toy, égaré heretique,
Range tes ſens ſous le ſens Catholique,
Ou autrement, plus qu'onques tu ne fus,
Tu demourras aueuglé & confus.

Ne démens point le Sauueur Ieſus Chriſt,
Ny ſaincte Egliſe, & ceux qui ont écrit
Par tant de temps ſuiuant la verité,
Ou tu mourras en infidelité.

Plus que moins.   F iij

CANTIQVE DV SAINCT SACREMENT.

QVe toute chose s'éjouïsse,
Face reuerence & seruice
Au Corps diuin & glorieux
De Iesus nostre salutaire,
Contenu sous sacré mystere,
Ce que n'ont compris tous les cieux.

Le ciel resplendisse de gloire
A ce iour de saincte memoire,
Et les messagers du Tres-haut,
Chantent loüanges & cantiques,
Par les neuf Ordres Hierarchiques,
Pour suppleer nostre defaut.

Soleil d'excellente clarté,
Lune de luysante beauté,
Descouurez vos faces flamblantes,
Estoilles exaltez l'honneur
Du seul & souuerain Seigneur,
Par vos lueurs estincelantes.

Arriere tempestes & foudres,
Vents orageux & pleins de poudres,
Esclairs & tonnerres paoureux,
Cachez vos pluyes bruyssantes,
Nuës pleines d'eaux rauissantes,
Faites place au iour amoureux.

Terre soyez de fleurs couuerte,
Semez en vostre robe verte,
Qu'on iette bouquets & rameaux,
Qu'on estende tapisseries,
Soyes, draps d'or, & pierreries,
Sculptures & riches tableaux.

Car Dieu s'est voulu approcher
De nous en prenant nostre chair
Luy impassible & immortel,
Pour restituer la nature,
De toute humaine creature:
S'est faict passible homme mortel.

Luy impalpable & inuisible,
S'est faict maniable & visible,
Habitant entre les humains:
Luy caché de gloire celeste,
S'est fait au monde manifeste
Qu'il a composé de ses mains.

Et conuersant auec les hommes,
Vestu de chair comme nous sommes
S'est fait chair soubs le Sacré Pain:
Et son Sang a donné à boire
Soubs le vin ainsi le faut croire,
Car la Foy passe sens humain.

Montant aux Cieux visiblement,
Est demeuré reellement
En la tres-saincte Eucharistie,
Pour tous les hommes a souffert;
Pour viuans & morts s'est offert,
Dessoubs la blancheur de l'Hostie.

O tres-admirable bonté !
Qui tout sçauoir as surmonté
Et surpasses toute puissance:
O Seigneur des grandes merueilles !
Tant sont tes œuures nompareilles,
Dont nous auons la ioüissance.

Splendeur de Dieu, Manne celique,
Verbe sainct, Pain Euangelique,
Fontaine & source de tout bien,
Tu es le comble à tout comprendre:
Où tout se peut trouuer & prendre
Et sans toy le reste n'est rien.

Or puis que la grandeur Diuine
De sa splendeur nous illumine,
Cieux, Terre & Mer esgayez vous;
Toute ame soit intellectiue,
Vegetatiue & sensitiue
Au Seigneur ploye les genoux.
Plus que moins.

LES BEATITVDES.

BIen-heureux sont les pauures vo-
lontaires,
Ils ont cherché, les chemins salutaires
Pour tout certain le royaume des Cieux
Possederont, comme estant prest poureux.

Bien heureux sont les doux & debon-
naires
Qui sont à tous de douceur exemplaires,
Et qui viuront sans querelle & sans
guerre;
En bonne paix possederont la terre.

Bien heureux sont, ceux là qui pleureront,
Qui les plaisirs du monde laisseront:
Si en ce monde ainsi sont desolez,
Là haut au Ciel ils seront consolez.

Bien-heureux sont ceux qui laissans tout
vice
Ont faim & foif de la vraye iustice
Qui iustifie, & nous a appellez
En son amour, car ils seront saoulez.

Bien-heureux sont ceux là qui par con-
corde,
A leurs prochains feront misericorde,
Et qui pour mal, tousiours le bien ren-
dront,
Misericorde en la fin obtiendront.

Bien-heureux sont ceux qui sont nets de
    cœur,
Dessus lesquels regne comme vainqueur:
Amour diuin qui est infus par grace,
Ceux ainsi nets verront Dieu face à face.

Bien heureux sont les simples pacifiques,
Sans dol, sans fraude & mauuaises traf-
    fiques,
De Dieu seront appellez les enfans
Et heritiers des hauts Cieux triomphans.

Qui pour iustice en sa dilection
Endureront la persecution,
Et les tourmens, ceux là sont bien heu-
    reux,
Et des hauts Cieux, le royaume est pour
    eux.

Heureux ſerez quand les hommes diront
Tout mal de vous, et qu'ils vous maudirõt,
Et que pour moy perſecutez ſerez,
Et des menteurs en mon nom ſouffrirez,

Conſolez vous & vous reſiouïſſez,
Et des mondains la triſteſſe laiſſez,
Là haut au Ciel aurez le grand ſalaire
Auecques ceux qui me veulent complaire.

Non ſeulement aymerez vos amis,
Mais auſſi ceux qui vous ſont ennemis:
Faites du bien à ceux qui vous haïront;
Priez pour ceux qui vous tourmenteront.

Soyez parfaits par imitation,
De la bonté & grand perfection;
Du Seigneur Dieu, qui a ſi grand enuie,
De nous ſauuer & nous donner la vie.

Plus que moins.